WEISWEILER/BODENSIEK · EIFEL

Eifel

FOTOS: HERMANN WEISWEILER
TEXT: K. H. BODENSIEK

GREVEN VERLAG KÖLN

© Greven Verlag Köln 1971
2., veränderte Auflage 1976
Bildumbruch: Hermann Weisweiler
Karten: Hilda Körner, Hamburg
Klischees: Peukert GmbH, Köln
Druck: Greven & Bechtold, Köln
Einband: Berenbrock, Wuppertal
Alle Rechte vorbehalten
ISBN 3 7743 0136 O

Der 300 m hohe Eiffelturm war die Sensation der Weltausstellung 1889 in Paris. Er wurde zum Wahrzeichen der modernen Weltstadt. Wenn man dieses Meisterwerk des frühen technischen Zeitalters mit der westdeutschen Grenzlandschaft in Verbindung bringen wollte, wurde man schnell unter Hinweis auf die zwei »f« im Namen des eisernen Turmes belehrt, daß es sich nur um den Namen des Erbauers dieser monumentalen Konstruktion, des Ingenieurs Alexandre Gustave Eiffel, handele. Heute wissen wir, daß Herr Eiffel eigentlich Bönickhausen hieß. Seine Vorfahren waren unter Ludwig XIV. aus Marmagen in der Eifel nach Dijon gekommen. Erst 1880, also nach dem Krieg von 1870/71, ließ Bönickhausen in Dijon seinen Namen in Eiffel umändern. Die altmodische Schreibweise darf nicht irritieren. Mit seinem Namen erwies der Erbauer der Heimat seiner Vorfahren eine Reverenz. So wurde der Eiffelturm eigentlich zum großartigsten Werbemittel für eine an Geheimnissen überreiche Landschaft, die ihre touristischen Reize immer mehr zur Geltung bringt. Wenn auch das Geheimnis um den Namen des Eiffelturms gelöst ist, die Eifel steckt auch weiterhin voller Überraschungen. Sie ist ein unerschöpfliches Thema. Gebirgsländer bewahren immer länger ihre Eigenart. Gute Kommunikationen flachen das Gesicht einer Landschaft ab. In der Zeit der schnell wachsenden Industrialisierung kam die Eifel durch ihre Grenzlage zwar wirtschaftlich zu kurz, bewahrte aber länger als andere Gegenden ihre naturhafte und im langsamen geschichtlichen Wachstum gereifte Gestalt. Sicherlich, das bunte Flickenkleid aus vielen kleinen Territorien verhinderte bis zum Ende des Mittelalters das Aufkommen eines verbindenden und verbindlichen Landschaftsgefühls. Als die Preußen die Rheinprovinz erwarben, schlugen ihnen gerade hier nicht allzu herzliche Gefühle entgegen. Und als man gar vom »preußischen Sibirien« sprach, da wollte eigentlich niemand in der Eifel wohnen. Dann wurde den ersten Wanderern durch die Landschaft von herber Verschlossenheit in jedem Dorfe gesagt, daß die Eifel erst weit später beginne. Aber in der Tat, der einzelne kannte meist auch nur einen Teil des Ganzen, seinen engeren Bereich. Seine Heimat war das »Ländchen« gegenüber dem Drachenfels, das Ahrtal, das Maifeld, die Pellenz, das Bitburger Gutland, das »Grovelann« (Grafenland), der Isleck oder Ösling, das Venn – um nur einige Subregionen der Eifel herauszugreifen.

Die Eifel ist ein grünes Meer, Wellenkämme der Berge, Wellentäler mit grünen Wiesen und einem kleinen Fluß, an Sommertagen auf einigen Hochflächen goldgelber Glanz reifender Frucht. Wellen der Winde und Wellen der Geschichte. Das alles ist Eifel. Sie erscheint bewegt und ist doch auch heute noch von Zeitlosigkeit überweht. Auf dem steinernen Fuß aus Fels bewahrt sie die große Ruhe. Und hat doch eine gewalttätige Unruhe hinter sich, die noch unhörbar nachzubeben scheint. Bei den letzten Vulkanausbrüchen waren schon Menschen Zeugen. Die Siedlungsgeschichte der Eifel reicht bis ins fahle Dunkel der Frühe menschlicher Anwesenheit auf Erden, soweit es Europa angeht, zurück. Leopold von Buch hat einmal gesagt: »Die Eifel hat ihresgleichen nicht auf der Welt.« Die jüngsten Vulkane, welche die Maare hinterließen, waren vor 9000 bis 12 000 Jahren in Tätigkeit. Der Hasenberg allerdings ist 100 000 Jahre alt. Bei seinem Erlöschen lebten Mammut, Wildpferd und Rhinozeros in der Eifel. Andere Vulkane reichen noch weiter zurück, bis über 140 000 Jahre. Da versagen unsere Zeitbegriffe, vor allem, wenn man daran denkt, daß die Kelten, die sich schon der Eisengewinnung befleißigten, erst um 1000 vor Christus in der Eifel aufgetaucht sein dürften und für uns noch im frühen Morgendunkel unserer Historie gelebt haben. Aber noch heute ist die vulkanische Vergangenheit der Landschaft stärker gegenwärtig und in ihren Spuren dem Wanderer eindrucksvoller vor Augen gestellt als die Hinterlassenschaft früher Besiedlungen.

Der Dichter Gerhard Nebel nannte die Eifel eine plutonische Landschaft. Und in der Tat, sie hatte ihre feurige Geburtsstunde. Daran erinnern die Vulkankegel, vor allem im Halbkreis um Mayen, die Maare, die wassergefüllten Krater unterirdischer Gaseruptionen, und die vielen Mineralquellen und die Thermalgeysire. Basalt, Lava, Tuff, Traß und Bims machten die Zentraleifel zur Förder- und Werkstätte der Steine und Erden. Mühlsteine und Bausteine, Dachschiefer und Schwemmsteine erfuhren weiten Export. Dome und Deiche, Schlösser und Bürgerhäuser wurden und werden noch heute mit ihnen erbaut.

Die ersten Gesänge des Epos der Eifel sind ungeheuer dramatisch. Ins helle Licht der Geschichte tritt sie mit den Römern, die ihre Reichsgrenze bis zum Rhein vorschoben und hier befestigten. Kaum eine Landschaft hat so klare, so eindeutige Grenzen, läßt sich kartenmäßig so leicht umreißen wie die Eifel, wenn sie auch Teil eines größeren Systems ist, das man geologisch das Rheinische Schiefergebirge nennt.

Bleibt man bei der Sicht der Römer und des frühen Mittelalters, dann stellt die Eifel die Ausläufer der Ardennen dar, mit denen sie vor allem durch das Venn eng verwachsen ist. Zwar ist die Abgrenzung im Westen durch die Täler von Ur (Our) und Sauer eindeutig, so wirkt hier die Trennlinie doch am wenigsten markant. Zwanglos spielen die Naturparks im Norden und Süden nach Belgien und Luxemburg hinüber. Im Süden und Osten setzen dagegen Mosel und Rhein der Eifel kategorisch ein Ende. Auf der Linie Köln – Düren – Aachen zeichnet die Bundesautobahnstraße geradezu haargenau die Linie, auf der sich Eifel und Niederrhein, Bergland und Niederung trennen.

So leicht es also fällt, der Eifel eine überzeugende räumliche Kontur zu geben, so schwierig wird es, dem Wesen dieses Landes in einer kurzen, prägnanten Formulierung gerecht zu werden, den landschaftlichen Charakter auf einen Nenner zu zwingen, das historische Profil in geraffter Form signifikant zum Ausdruck zu bringen. Mit der allzusehr vereinfachenden Formel von Wasser, Wald und Bergen kann man die Individualität der Eifel nicht zureichend erfassen.

Sicherlich ist der Eifel eine gewisse Verhaltenheit eigen. Sie prahlt nicht. Aber sie hat viel Kraft und Stärke, immer noch ein gerütteltes Maß an Ursprünglichkeit. Die Stille ist nicht beklemmend. Sie ist wie ein Gefühl der Würde. Hier führt die Reise in die Vergangenheit nicht nur zu frühzeitlichen Ringwällen, keltischen Kultdenkmalen, römischen Villen und Wasserleitungen. Hier kommt man der Entstehung der westeuropäischen Kultur auf anschauliche Weise auf die Spur.

In die Badezelle des Römerbades in Zülpich nistete sich die Krypta und damit die erste christliche Kirche ein. Den römischen Tuchhändler, der sich durch die mächtige Grabsäule zu Igel an der Mosel in des Wortes weitgehender Bedeutung verewigte, und die Tuchmacherfamilie Scheibler, deren Rotes Haus in Monschau nicht geringeren Denkmalwert besitzt, verbindet über 1500 Jahre hinweg nicht nur das Berufliche, sondern auch der Sinn für Selbstbestätigung. Daß die in ihrer statischen Naturhaftigkeit auf den ersten Blick verschlossen wirkende Eifel keine geistige Öde, kein Brachland oder Niemandsland war, dafür sorgten, vor allem in der karolingischen Zeit, die Klöster und Abteien. Prüm stand in der besonderen Gunst der fränkischen Könige. Schon früh hatte das Kloster Niederlassungen in Revin an der Maas, in Münstereifel, Kesseling, St. Goar, in der Nähe von Speyer und sogar in Süstern in Holland. Maria Laach, Kornelimünster (Reichsabtei Inda), Stablo-Malmedy, Springiersbach, Münstereifel, Himmerod, das sind einige der Namen, die heute noch Klang haben. Himmerod ist in den letzten Dezennien wundersam aus den Ruinen zu neuer Schönheit im alten Stil erblüht. Die Trappisten haben heute in der Eifel sogar zwei Klöster, neben Mariawald im Kermeter über der Riesentalsperre Schwammenauel auch ein Frauenkloster in Dahlem. Von Steinfeld aus, dem ältesten Prämonstratenser-Kloster in den Rheinlanden, wurden im 12. Jahrhundert Niederlassungen des Ordens in Böhmen gegründet. Auch dadurch, daß die Klöster in Köln, Aachen und Trier Besitzungen in der Eifel hatten, ergab sich nicht nur eine wirtschaftliche Verbindung, sondern auch geistige und kulturelle Kommunikation. Austrocknung wäre also wahrlich keine angebrachte Bezeichnung. Es scheint fast beim Gang durch die Jahrhunderte, daß Landschaft und Menschen auch von unterirdischen Quellen gespeist worden sind. Für den Wanderer hat das Gesicht der Eifel etwas Bannendes, sei es die Zuflucht eines stummen

Tales oder der engen Felsenschluchten wie nahe der Sauer, sei es die gewaltige Freiheit himmelnaher Hochflächen, etwa beim Schwarzen Mann, wo die Schneifel eine Höhe von fast 700 m erreicht, oder in der früher bedrohlichen Einsamkeit des Hohen Venns.

Unwirtlich, ja, das war die Eifel früher ohne Zweifel. Fuhrleute, vor allem aus Kalterherberg, brachten Aachener und Monschauer Tuche, Blei und Messingwaren aus Stolberg nicht nur in die nächsten großen Städte, sondern bis zur Seine, bis an die Donau und ins Alpenvorland. Doch das war jeweils eine abenteuerliche Reise. Dem Autor gaben noch in seiner Jugend alte Fuhrknechte authentisch Bericht davon, wie mühsam es war, die schweren Gespanne heil von Monschau an den Rhein zu bringen. In Heimbach wurde ihm geschildert, wie der Erzähler selbst auf seinem Rücken die fertigen Stühle zu Fuß nach Köln trug und als ganz besondere Delikatesse ein Kistchen Kieler Sprotten, und keine billigen Salzrümpchen, mit nach Hause brachte. Allein aus diesen Fakten ermißt man, wie sehr sich die Dinge innerhalb eines Jahrhunderts verändert haben.

Die leidige Grenze zwischen Nordeifel und Südeifel, die in der Landschaft unsichtbar ist, aber in den politischen Karten nach dem Kriege neues Gewicht erhalten hat, besitzt eine lange Vorgeschichte. Der Vinxtbach, der bei Bad Breisig, am Fuße der Burg Rheineck in den Rhein mündet, war römische Verwaltungsgrenze zwischen den 90 nach Christus gebildeten Provinzen Germania inferior und Germania superior, also zwischen Nieder- und Obergermanien. Sie war aber auch die Scheide zwischen Treverern und Ubiern, Mosel- und salischen Niederfranken, was sprachlich hüben und drüben heute im Dialekt noch nachklingt. Auch Kurköln und Kurtrier begegneten sich hier. Dem entspricht die Trennlinie zwischen Ober- und Niederlothringen, die von Hammerstein am Rhein nach Westen über Kelberg in Richtung Kronenburg verlief.

Nach dem Zerfall des römischen Reiches war die Eifel das Land der Kleinherrschaften, der Grafen und Klöster. Größere Territorien nahmen nur Kurköln und Jülich, Kurtrier und Luxemburg ein. Zudem ging die Hoheit der Ländchen durch Verpfändung und Vererbung sogar durch Raub und politisches Mißgeschick oft in kurzer Zeit von einer Hand in die andere. So kamen die tollsten Situationen zustande. Die Rur bei Einruhr und die Erkensruhr waren beispielsweise 1685 die Grenze zwischen Spanien und dem Kurfürstentum Pfalz, 1742 bis 1794 aber zwischen Bayern und Österreich. Wer will es da dem Eifeler verdenken, daß er in größeren Zeiträumen dachte und den Wechsel als das Beständige ansah. Die Geschichte der Eifel war als Tagesgeschichte klein und oft allzu bitter. Das Erinnern aber war groß. War es ein Zufall, daß die Gebeine Karls des Großen von 814 bis 1165 in einem römischen

Steinsarkophag aus der Zeit um 180 vor Christus ruhten, den eine Darstellung des Raubes der Proserpina schmückte? Der Proserpina-Sarkophag steht immer noch im Aachener Münster. Proserpina war die Tochter des Zeus und der Demeter, der Göttin der Fruchtbarkeit, Gemahlin des Hades, des Herrn der Unterwelt. So verbinden sich in dieser Gestalt Himmlisches und Irdisches, Beglückendes und Ängstigendes. Das sind Züge, die auch die Eifel kennzeichnen. Beim römischen Meilenstein am Eingang zur Calmuth bei Remagen wurde 1768 ein Gedenkstein errichtet, der bekundet, daß Karl Theodor, Kurfürst von der Pfalz, Herzog von Bayern, Jülich, Kleve und Berg, also der damalige Landesherr, die römische Straße wiederhergestellt habe. Nach gut 1600 Jahren. Erinnern kann nützlich sein.

Die Eifel war wie das gesamte Rheinland kein geschlossenes Territorium oder in ein solches eingebettet. Die tragischen Folgen der Zersplitterung hielten die Erinnerung an das Imperium Romanum auch im entlegensten Winkel wach, eine Flamme, die vielerorts aufloderte, als die französischen Revolutionsheere den Freiheitsbaum aufpflanzten. Aber man blieb kritisch. Und wenn man feststellte, daß auch Ideale ihre schwarze Kehrseite haben, war man nicht nur mit seiner Meinung geradeaus, sondern schlug auch zu. Wie 1798 im »Klöppelkrieg« um Arzfeld, nördlich von Bitburg, als sich die Bauern gegen die Willkür der französischen Soldaten zur Wehr setzten. Vierzig Opfer dieses Aufstandes des »gemeinen Mannes« ruhen auf dem Friedhof von Arzfeld in einem Massengrab. Selbst Napoleon wurde Sympathie und Achtung in erheblichem Maße entgegengebracht, da man nunmehr wirklich das Ende des Mittelalters mit seiner fatalen Duodezherrlichkeit gekommen glaubte. Man hoffte, daß wieder allgemeine, größere Maßstäbe als die örtliche Elle Geltung haben würden. Der Code Napoléon, der Code civil, der an die Stelle der dubiosen Herrenrechte trat, war eine Wohltat. Er blieb in den linksrheinischen preußischen Gebieten, also auch in der Eifel, etwa ein Jahrhundert in Kraft. Das erklärt auch, warum man in manchen Eifeler Bauernstuben noch lange ein Napoleonbild hängen sah. Daß aber die Eifel anderthalb Jahrtausende lang ein Gemenge kleiner und mittlerer Herrschaften war, macht das Land und seine Geschichte so nuancenreich und zugleich schwer verständlich. Hierin liegt auch der Grund dafür, daß wenig Großartiges an prangender Architektur, von Kirchen und Klöstern abgesehen und bis auf die Barockschönheiten aus der Ära der Trierer Kurfürsten aus dem vom Bauwurm befallenen mainfränkischen Hause Schönborn, entstanden ist. Um so echter ist aber das, was an gediegenen bürgerlichen und bäuerlichen Bauten noch in unserer Zeit zu finden ist, etwa in Bad Münstereifel, in Mayen, Wittlich, in Ahrweiler, in Monschau natürlich, aber auch in Adenau und sogar Monreal. Und in jedem Ort schaut von allen Ecken und

Enden die Landschaft hinein. Sie spricht ihr Wort mit. Auch heute noch. Dabei hatte in der Eifel die Industrie längst Fuß gefaßt, als das Ruhrgebiet noch Bauernland war.

Bergbau, Eisenindustrie, Töpferei und Weberei blieben nicht auf die Randgebiete begrenzt. Das Schleidener Tal und die Eisenwerke von Eisenschmitt, Eichelhütte und Korneshütte sowie im oberen Ahrtal bezeugen es. In Bleialf blühte der Bleibergbau im 15. Jahrhundert. Der Bleiberg bei Mechernich wurde schon von den Kelten und Römern ausgebeutet. Mühlsteine aus der Zentraleifel wurden zu den Wasserstraßen Rhein und Mosel geschafft und mit Kränen, die seit dem Mittelalter stehen, in die Schiffe gehievt. In vielen Orten klapperten die Webstühle. In Monschau wurde die Tuchmacherei zur Industrie. So lange man die Wasserkraft der Bäche und das Holz der Wälder für die Feuerung der Hochöfen benutzte, war die Eifeler Industrie standortbedingt. Sie wanderte aber im 19. Jahrhundert ab, dorthin, wo die Steinkohle anstand und über den Rhein sowie auf Kanälen nunmehr das fremde hochwertigere Erz herangeführt wurde. Immer war innerhalb der Eifel die Fabrikation von Eisenwaren und Tuchen, von Leder und Holzwaren – etwa in Heimbach – ein der Landwirtschaft und der Bodenbearbeitung verwandtes Gewerbe geblieben. Man verarbeitete, was die Natur an Ort und Stelle hergab. In Speicher und Langerwehe standen schon zur Römerzeit Brennöfen. Raeren und Frechen waren berühmte Töpferorte. Man exportierte weithin. Die Monschauer Tuche gingen im 18. Jahrhundert bis nach Rußland, nach Spanien, nach Neapel, sogar in den Vorderen Orient. Fuhrleute aus Kesternich, Lammersdorf und Simmerath karrten die Erzeugnisse mühsam über die Straßen. Johann Heinrich Scheibler, der sich das stattliche Rote Haus in Monschau erbaute, beschäftigte zeitweise 10 000 Heimarbeiter. Die Heimarbeit verhinderte überdimensionale Fabrikanlagen, beließ der Stadt ihren Wohncharakter.

In Imgenbroich wurden Großbauern zu Tuchfabrikanten. Auch in der Blütezeit der Manufakturen, die den Stil eines Großgewerbes, nicht aber einer Industrie hatten, blieben die Eifeler Städte bescheiden an Umfang und Einwohnerzahl. Da, wo die Landesherren dem Ort zu Füßen der Burg Markt- und Stadtrechte verliehen, geschah es meist mit dem Hintergedanken, dem »Tal« oder der Burgsiedlung die Lasten des Baues und der Unterhaltung der Befestigung, dazu den militärischen Schutz aufzuhalsen. Meist war so das bißchen Freiheit teuer erkauft. Mühsam erworbener bescheidener Wohlstand ging in den engen Mauern allzu oft durch verheerende Brände verloren, so in Bitburg, Neuerburg, Wittlich und Manderscheid, in Monschau, Heimbach und Aachen. Dazu kamen Kriegslasten, Kontributionen und Plünderungen. Auch die Pest forderte ihren grausamen Tribut, allein im »Grafenland«, also dem damaligen Luxemburg, 120 000 Tote im Jahre 1636. Nicht nur der schwarze Tod ging um. Eine andere Seuche wütete ebenfalls schlimm: der Hexenwahn. Vor dem Hochgericht in Neuerburg fanden in der ersten Hälfte des 17. Jahrhunderts mehr als fünfzig Hexenprozesse statt. Über zwanzig der Angeklagten fanden den Tod. Aber die Akten sind lückenhaft. Das wahre Ausmaß dieser Greuel ist heute nicht mehr auszumachen. Man weiß aber, daß um 1630 in der Grafschaft Manderscheid-Blankenheim über 60 Hexenprozesse stattfanden. In Rheinbach, Meckenheim und Flerzheim wurden zwischen 1631 und 1636 mehr als 130 Menschen zu Tode gequält, als Opfer der Hexenverfolger. Der schwarze Tod und eine Feuersbrunst vernichteten das Dorf Weinfeld, von dem heute nur noch das Kirchlein, auf dem Kraterrand des Totenmaares, das auch Weinfelder Maar genannt wird, Zeugnis ablegt. Armut zwang wie im Hunsrück, so in der Eifel zur Auswanderung. So wurde der Ort Allscheid bei Darscheid nach Mitte des vorigen Jahrhunderts verlassen und ausgelöscht: 18 Häuser standen leer. Achtzig Menschen gingen aus ihrer Heimat, zumeist nach Amerika.

So klein die Orte waren, so beschwerlich vor dem Bau der Eisenbahn der Weg zu ihnen war, alle Wirrnisse der Zeitläufe schlugen ihre Wellen auch bis ins entfernteste Dorf. Wirklich große Städte gab und gibt es nur am Rand der Eifel. Jahrhunderte kam der Bauer, und das waren die weitaus meisten Bewohner des kargen Berglandes, nicht von ihrer Scholle weg. Aber man fühlte sich nicht verloren. Man sagte, überall in der Eifel höre man Domglocken, von Köln, von Aachen, von Trier. Das verband mit der Welt, die heute auf den Bildschirmen auch in das entlegenste Bauernhaus kommt. Aber die Sprache der Glocken war anders. Sie band stärker – wie Sehnsucht immer stärker ist als das Greifbare. Glocken gehören auch in einem ganz konkreten Sinne zur Eifel. In Brockscheid, in der Nähe von Manderscheid, befindet sich eine Glockengießerei, weit und breit die einzige.

Einst waren es neben den Fuhrleuten die wandernden Händler, die mit Mausefallen aus Neroth, Steinborn, Waldkönigen und Neunkirchen, mit Holzstühlen aus Heimbach oder hölzernen Milchsetten aus Rohren über Land zogen, welche die Nachrichten von draußen in die Täler und auf die Höhen der Eifel brachten. Einer dieser Hausierer mit Steingutwaren und Glassachen, Peter Zirbes aus Niederkail, hat es im vorigen Jahrhundert als Landpoet sogar zu kurzlebigem Ansehen gebracht. Er wurde zwar von Gustav Freytag gelobt, aber aus bitterer Armut kam er sein Leben lang nicht heraus.

Üppigkeit und Wohlleben hat man in der Eifel kaum gekannt. Noch in den ersten Jahrzehnten des 20. Jahrhunderts gab es Gegenden, in denen das Abendessen aus einer Menge Pellkartoffeln bestand, die auf die hölzerne Tischplatte geschüttet wurden. Die enthäuteten Kartoffeln wurden dann in ein Töpfchen mit heißem Öl getaucht, in etwas »kleingemachtes« Salz gestippt und so verzehrt. Das Schönste war am Sonntagabend das »Bötterrämmche met Gemäusche«, Schnitten derben Brotes, bestrichen mit dem aufgewärmten Gemüse der Mittagsmahlzeit. Heute klingt das fast unglaubhaft, wie ein Ammenmärchen. Der Wandel, den die Eifel nach Kriegsnot und Hürtgenwald, trotz roter Zone und Industriearmut durchgemacht, ist gewaltig. Daß er die Substanz dieser Landschaft nicht sehr verändert hat, machte sie zu einem idealen Erholungsgebiet. Und auf dem Gebiet des Fremdenverkehrs liegen auch ihre wirtschaftlichen Chancen. Allerdings sollten Entwicklung und Förderung immer dem Rahmen und den Maßen des Mittelgebirges angepaßt bleiben.

Die Eifel ist keine späte Landschaft, keine Randzone, kein Grenzgebiet, auch wenn es einige Jahrzehnte so aussah. Sie lag mitten im Reich und sie ist ein Herzstück Europas. Ihre Eckbastionen dokumentieren dies eindeutig: Köln, Aachen, Trier und Koblenz. Es sind Städte, die Geschichte gemacht haben. Freiheitliche Geschichte. Köln war eine der frühesten städtischen Demokratien, weit über den rheinischen Raum hinaus. In Trier wurde Karl Marx, in Koblenz Görres geboren. Aber das nur nebenbei. Köln war im Mittelalter eine Zeitlang die größte Stadt nördlich der Alpen. Hier galt das Sprichwort: »Stadtluft macht frei.« Selbst der Erzbischof mußte sich als Kurfürst schließlich nach Bonn und Brühl zurückziehen. Aachen, die Stadt Karls des Großen, Krönungsstätte der deutschen Könige, hatte nur ein Pendant: Reims. Und Trier: von Südfrankreich abgesehen, gibt es im cisalpinen Raum kein großartigeres Freilichtmuseum der römischen Zeit als Trier mit Moselbrücke und Kaiser-Thermen, Palastaula (Basilika), dem mächtigen Tor der Porta Nigra und dem Amphitheater für 20 000 Zuschauer. Ende des vierten Jahrhunderts wurde dann die Kaiserresidenz nach Mailand, die Administration des gallischen und restlichen germanischen Raumes nach Arles verlegt. Koblenz, das zeitweise Residenz der trierischen Kurfürsten war, gewann als Hauptstadt der preußischen Rheinprovinz neues Gewicht.

Die vier Fixpunkte, die das Bild der Eifel leichter orten lassen, sind keine Zufallsgrößen, sondern geschichtsgestaltende Faktoren. Ihre Zentrifugalkräfte mußten naturnotwendig auch in die Eifel hineinwirken. Ihre Strahlungskraft gab dem Eifeler nie das Gefühl, in einem geschichtslosen Raum zu leben.

Zugang zur Eifel bietet seit 1871 die Eisenbahnstrecke Köln – Trier und heute ein engmaschiges Netz hervorragender Straßen; aber für den Wanderer sind die Täler, die sich zur Niederrheinischen Bucht, dem Rhein oder der Mosel hin öffnen, eine besondere Lockung und jedesmal ein neues, anderes Erlebnis. Mag es sich um Rur oder Erft, Ahr, Brohl, Nette, Elz, Endert, Eller, Alf (mit Üss), Lieser, Salm, Kyll oder Prüm (mit Nims) handeln, man ergeht sich oder erfährt das Eigenständige der Landschaften in immer neuen Variationen. Ob Kalkfelsen oder Rotsandstein, ob serpentinenreiche Anstiege oder mit grünen Wiesenmatten ausgelegte Waldtäler, hier bizarre Klüftungen, dort anmutige Weite – aber immer ist es Eifel. Noch trifft man einige alte Mühlen am Wege, einige – wie Molitors-Mühle bei Eisenschmitt – in den letzten Jahren zu komfortablen Fremdenherbergen für anspruchsvolle Gäste ausgebaut. Die Heidsmühle bei Manderscheid im Tal der kleinen Kyll gehört ebenfalls zu dem Kreis der alten Mühlen, für die Gastlichkeit schon Tradition war, als sich noch die Wasserräder, die Mühlsteine oder Schneidgatter bewegten.

In die Weite führende Straßen besaß die Eifel schon in frühgeschichtlicher Zeit und als Bastion im Osten des römischen Reiches ein perfektes Straßennetz. Wohl schon in der Bronzezeit wurde die Kohlenstraße zu einer wichtigen Transportlinie, auf welcher die Holzkohle aus der Hohen Eifel über Kelberg und Nürburg ins Brohltal, wo sich schon früh Eisenwerke befanden, und weiter zum Rhein geschafft wurde. Der Weg verlief seitlich der Hohen Acht, dem mit 747 m höchsten Berg der Eifel, einem tertiären Vulkan wie Nürburg und Hochkelberg. Schon in römischer Zeit führte die via mansuerisca über das Hohe Venn. Alt ist auch die Tungrische Straße nach Tongern und die Brunhildenstraße von Bavai an Maastricht vorbei nach Köln. Die regina viarum, die Königin der Straßen, von Lyon über Trier, Bitburg, Marmagen, Zülpich nach Köln, war 5,75 m breit. Sie wurde in napoleonischer Zeit wiederhergerichtet; denn noch 1714 gab es keine einzige durchgehende Straße durch die Eifel. Die regina viarum war bereits vor Christi Geburt fertig. Im 3. und 4. Jahrhundert wurde die Straße Köln – Zülpich – Reims ausgebaut. Zülpich war ein Verkehrskreuz. Von hier gingen Straßen nicht nur nach Bonn und Köln, sondern auch über Bedburg, nach Neuß und Xanten sowie in westlicher und südlicher Richtung ab. Im römischen Reich bestand im 2. Jahrhundert ein Straßennetz von 80 000 km. Die Straßen waren 4 bis 7 m breit, hatten nicht nur eine Kies- und Schotterdecke, sondern auch Gehsteige. Köln, Aachen und Trier waren damals ebenso gut zu erreichen wie Zülpich, Maastricht, Tongern und Reims, sowie weiter Paris und das Rhônetal.

Jahrhundertelang folgte man nach dem Ende der Römerzeit den alten Trassen. Die Krönungsstraße, die Aachen-Frankfurter Heerstraße führte von Aachen über Düren, Großbüllesheim, Essig, Rheinbach und Eckendorf nach Sinzig am Rhein. Die mittelalterliche Straße Köln – Trier ging über Wesseling, Rheinbach, Todenfeld, Kreuzberg, Adenau und Kelberg. Um 1500 wurde die erste ständige Postverbindung von Wien bzw. Innsbruck nach Brüssel eingerichtet. Es war die Kaiserliche Postlinie des Füsten Franz von Taxis, die über Wittlich führte, wo sicherlich damals schon die Säubrennerkirmes gefeiert wurde. Das war vor dem Dreißigjährigen Krieg. Auch heute führt die Autobahn von Koblenz bzw. Bendorf nach Trier haarscharf an Wittlich vorbei.

Es ist immer wieder überraschend, wie souverän Menschen vor zweitausend und mehr Jahren schon technische Probleme bewältigt haben. Den Kelten sagt man nach, daß sie den Fachwerkbau, die Eisenverarbeitung und die Töpferei ins Land gebracht hätten. Aber wer will entscheiden, was von den Ligurern, den Kelten oder anderen Völkerschaften stammt, die als Jäger und Sammler ihr Lebensziel im Umherziehen sahen oder von Unruhe gequält und von Wanderlust erfüllt irgendwo den Garten Eden auf Erden zu finden hofften. Immerhin, was die Eifel in reichem Maße bot: Erze (Eisen, Blei, Galmei, also Zink), Holz (Holzkohle) und eine Fülle von kräftigen Bächen zum Antrieb von Mühlen und Hämmern, das wurde früh genutzt, in der Abseitigkeit, in der Stille entlegener Bergtäler mit schwierigen Verkehrs- also Transportmöglichkeiten. Im Gebiet Mechernich – Kommern – Bleibuir wurde über 2000 Jahre Blei gefördert. Die Römer brauchten dieses Metall dringend, schon für die Installationsrohre ihrer Wasserleitungen. Man sagt auch, das römische Reich sei an der wachsenden Bleivergiftung seiner Bewohner zugrundegegangen, also im Grunde an seinem Komfort, wenn nicht gar an seiner Hygiene – wenn diese Theorie richtig ist. Das Zinksilikat Galmei ergibt in der Legierung mit Kupfer Messing. Seit dem 2. Jahrhundert ist der Galmeiabbau bei Gressenich nachgewiesen. Von Namur bis Stolberg wird Galmei gefunden. In Stolberg bestehen die ältesten Messingwerke der Welt. So ist es nicht mehr ganz verwunderlich, daß sich die Metallkunst gerade im Rhein-Maas-Gebiet, aus dem die kostbaren goldenen Schreine hervorgingen und die im 12. Jahrhundert ihre größte Blüte erlebte, so hoch entwickelt hat.

Viel überraschender ist, daß die in der Eifel weitverbreitete Eisenindustrie an der Kohle gescheitert ist und zum Ruhrgebiet abwanderte, um zur Kohle zu kommen. Dabei hatten die Römer bereits bei Aachen die terra nigra benutzt und wurde schon im 14. Jahrhundert bei Eschweiler Kohlebergbau betrieben. Aber die Kräfte der Tradition sind auch in der Industrie übermächtig. Während Blei in der Südeifel nur zeitweilig bei Bleialf gewonnen wurde, ist die Eisenverarbeitung über den ganzen Raum des Landes verteilt gewesen. Sie erfolgte im Olef-, Urft-, Kall- und Veytal, im Ahr-, Kyll- und Salmtal, um nur einige Schwerpunkte zu nennen. In Schevenhütte stand ein römischer Schmelzofen, ebenso im Ahrtal. Noch heute erinnern Ortsnamen an die große Eisenzeit: Eiserfey, Eichelhütte, Hammerhütte (Kyll), Ahrhütte usw. Im Schleidener Tal, dem Oleftal zwischen Gemünd und Schleiden, sowie in Hellenthal, Blumenthal und Müllershammer gab es seit dem 13. Jahrhundert Eisenerzeugung und Verarbeitung, in Gemünd und Rescheid Bleischmelzen. Aber auch in Olef und

Oberhausen, in Steinfeld, Dalbenden, Kall, Sötenich, in Vussem und Eiserfey, im oberen Kylltal bei Kronenburg und im unteren Kylltal bei Malberg standen Hochöfen und Schmieden des zweiten vulkanischen Zeitalters der Eifel. Im 16. Jahrhundert wurden Öfen aus dem Raum Hellenthal – Schleiden – Kronenburg bis nach Franken und Schwaben geliefert. In den Herd- und Takenplatten entstanden oft hochkünstlerische Werke, die erst Anfang dieses Jahrhunderts langsam aus der Unbeachtetheit, ja aus dem Gerümpel der Bauernhäuser herausgeholt wurden. Im Norden stammten die Erze aus Weyer, Iversheim, Sötenich, aus Keldenich, Schmidtheim, Marmagen, Lommersdorf, Noethen und Pesch sowie aus Bleibuir, aus der Gegend von Schmidt, aus Harscheidt, und Froitzscheidt. Das Eisenwerk Pleushütte wurde im 15. Jahrhundert gegründet. Auch in Simonskall bestand eine Eisenhütte. Der Zweifallshammer bei Schmidt wurde 1801 von Eberhard Hoesch aus Düren gegründet. Und damit taucht der Name einer der industriellen Pioniere der Eifel auf, der später im Ruhrgebiet maßgebenden Einfluß ausüben sollte. Aus dem Oleftal seien noch die Namen Poensgen und Schoeller erwähnt. Das Schleidener Tal hatte sich einen Namen gemacht durch die Einmalschmelzerei mit Vorbereitung des Roheisens. Das erste Eisen-Schneid- und Walzwerk in Preußen stand in Gemünd. Auch die Geschichte der Industrie ist voller Dramatik, aber meist begreiflicher und vernünftiger als die politische.

Abgesehen von der Südeifel mit Quint standen 1837 allein im Kreis Schleiden noch 18 Eisenhütten und Hammerwerke, sieben im Olef-, sechs im Urft-, drei im Veybach- und zwei im Kyll- und Ahrtal, dazu ein Walzwerk in Gemünd, ein Schneidwerk und ein Bandhammer in Vussem und ein Bandhammer in Hellenthal. Für die Frühzeit der Industrie modernen Stils war das eine beachtliche Kapazität. Bessere, importierte Erze und die Nähe zu Kohle und Koks ließen die Hochöfen erlöschen, die Hämmer und Pochwerke stillstehen. 1866 wurden auch die Ahrhütte und die Stahlhütte der Herzöge von Arenberg stillgelegt. Die Abwanderung der Industrie brachte schwerwiegende soziale Probleme mit sich. Clara Viebig, in Trier geboren, erregte um 1900 mit ihrem Roman »Das Weiberdorf«, der in Eisenschmitt-Eichelhütte spielt, Aufsehen. Sie brachte die Eifel ins Gespräch, von deren innerer Situation man in Deutschland wenig wußte.

Für die Gesamteifel aber war durch die Jahrhunderte die Tuchmacherei nicht weniger wichtig als Eisen und Erze. Begünstigt durch die weitverbreitete Schafzucht, hatten sich die Wolleverarbeitung und Weberei zu einem bodenständigen Gewerbe entwickelt. In Münstereifel, Manderscheid und Neuerburg, in Euskirchen und Adenau stand die Tuchmacherei in Blüte, besonders aber in Monschau und seit 1670 in Imgenbroich. Ihr großartiges Denkmal ist das Rote Haus der Scheiblers in Monschau, das heute als Museum zugänglich ist. In den Schnitzereien des Treppenhauses wird in 21 Flachreliefs der Vorgang der Tuchfabrikation anschaulich geschildert. Hier schließt sich im 18. Jahrhundert ein Zirkelschlag von 1500 Jahren, wenn man an die Igeler Säule denkt, mit der sich ein römischer Tuchhändler der Nachwelt überlieferte. Das Mal in Igel ist aus rotem Sandstein. Schon im 4. Jahrhundert gab es in der Eifel etwas Sensationelles: ein Steinsägewerk mit Wasserradantrieb. Vielleicht war es eine Eifeler Erfindung. Und Steine und Erden sind bis heute ein erheblicher Wirtschaftsfaktor. Nicht nur die Produkte der vulkanischen Erdgeschichte, die zusammen mit dem Dachschiefer im Mayener Raum den Ton angeben, auch der Ton in des Töpfers Hand spielt seit der Frühzeit eine Rolle. Speicher, Langerwehe, Frechen sind Stichworte. Heute wird nur noch ein Ortsbild von Töpfereien und Brennöfen bestimmt: in Adendorf, wo fast Haus bei Haus die einstige derbe bäuerliche Töpferei zu modischer und geschmackvoller Produktion übergegangen ist. In Rheinbach hat die Keramik eine von nahen Tonlagern gespeiste Heimat gefunden, neben der Glasveredelung, die hier aber erst nach dem Kriege von Fachleuten aus Böhmen ansässig gemacht wurde. Sonst sind im geschichtlichen Rückblick dem Autor nur Glashütten in Kordel und Holsthum bekannt, einem Ort, der beweist, daß dort, wo man mit zartem Glas umzugehen versteht, auch sonst ein besonderes Klima herrscht. Und in der Tat, hier weht ein Hauch von Süden und Rosenduft. Daß die Eifeler Kalkmulde schon früh als Rohstoff genutzt wurde, bezeugen die römischen Brennöfen der 30. Legion aus castra vetera bei Xanten in Iversheim aus dem 3. Jahrhundert. Immer entwickeln sich aus den naheliegenden Rohstoffen und Gegebenheiten Handwerke, Gewerbe und schließlich, je nach der Art, auch Manufakturen. So war früher die Zahl der Gerbereien beachtlich. Man fand sie in Rheinbach wie in Adenau, in Schönecken und Kerpen, wie in Prüm, Waxweiler und in Neuerburg, nachdem dort der große Brand 1818 alle Webstühle vernichtet hatte. Der Gerber gebrauchte Wasser, viel Wasser, wie die Tuchmacher.

Das Wasser war Element und Kraft, aber in trockenen Sommern war Mangel, im Frühjahr tosten die Bäche und kleinen Flüsse und rissen alles mit. Besonders die Anwohner von Ahr und Erft konnten ein Lied davon singen, daß des Wassers Macht nicht immer nur Wohltätigkeit ist. Zur Regulierung und zur Wasserbevorratung, dann auch zur Erzeugung elektrischer Energie begann man im Jahre 1900 mit dem Bau der ersten Talsperre, der Urfttalsperre. 1905 war das riesige Reservoir, das über 45 Millionen cbm Wasser aufstaut, fertig. Es wurde zu einer Touristenattraktion. Wenn auch der Urftsee keine Einmaligkeit mehr ist, so sind die Stauseen der Nordeifel, fast ein Dutzend an der Zahl, eins der beliebtesten Ausflugs- und Ferienziele nicht nur in der näheren westdeutschen

Umgebung, sondern vor allem auch für das benachbarte Belgien, Luxemburg und die Niederlande. Die größte Talsperre ist mit einem Fassungsvermögen von 205 Millionen cbm, also fast dem fünffachen Inhalt der Urfttalsperre, der Rursee Schwammenauel. Hier werden viele Formen von Wassersport geübt wie Segeln, Rudern und Schwimmen. Man kann auch eine Rundfahrt mit dem Motorboot machen. Angler wie Fußwanderer kommen ebenfalls auf ihre Kosten. Von den weiteren Talsperren seien noch genannt die Perlbachtalsperre bei Monschau, die Oleftalsperre bei Hellenthal, die Dreilägerbachtalsperre bei Roetgen, die Kalltalsperre, das Vorbecken Paulushof bei Rurberg, der Stausee Obermaubach, die Steinbachtalsperre bei Kuchenheim und die Madbachtalsperre.

An Sensationen, die nicht aus der Hand der Natur kommen, ist die Eifel nicht reich. Die sogenannte erste deutsche Nähmaschine, die das Eifeler Landschaftsmuseum des Eifelvereins in Mayen zeigt, stammt zwar von einem Mayener, aber sie gehört wie so manches in die Reihe der Vorläufer. Bis in die Gegenwart war eigentlich die römische Wasserleitung, die mitten aus der Eifel heraus auf einem Weg von 78 km Köln mit frischem Quellwasser versorgte, wohl das gigantischste Unternehmen im Bergland zwischen der Kornkammer des Heiligen Römischen Reiches Deutscher Nation um Jülich und dem nicht minder bedeutenden Weinkeller des Moseltales am südlichen Rande der Eifel. Erst in unseren Tagen hat die Eifel mit dem 100-m-Radioteleskop in Effelsberg bei Münstereifel ein modernes Wunderwerk erhalten. Allein in den »Schirmempfänger« würde ein normaler Fußballplatz hineinpassen. Es handelt sich um die größte vollbewegliche Antenne mit Parabolreflektor zum Empfang von Radiowellen von den verschiedensten kosmischen Radioquellen im Bereich von 50 bis 2 cm Wellenlänge. Ihr Zweck ist die astronomische Beobachtung und Erkundung der physikalischen Natur des Kosmos. Hier werden Entfernungen bis fünf Milliarden Lichtjahre überbrückt. Es verschlägt dem Laien die Sprache, wie man sich in diesem Max-Planck-Institut für Radio-Astronomie bemüht, dem Himmel seine Sprache abzulauschen. Dagegen sind die Sternwarte der Universität Bonn auf dem Hohen List bei Daun mit dem größten Spiegelteleskop in der Bundesrepublik und das Teleskop des Observatoriums auf dem Stockert, nahe Bad Münstereifel, nur »kleine Fische«. In Effelsberg versuchen die Wissenschaftler das gleiche, was man in den USA und in der UdSSR mit Raumschiffen unternimmt: von unserer Erde aus das Weltall zu erforschen. Man kann aber nicht nur im Großen das Kleine erkennen, sondern auch im Kleinen das Große, zumindest erspüren oder gar sehen.

Die Eifel ist schon zu groß, um sie in allen Einzelheiten dem Leser vorzustellen. Da soll ein Ausschnitt helfen, und zwar einer, der nicht zu verallgemeinern ist, was immer seine Nachteile hat. In die Eifel hineingewachsen, ein Teil von ihr, aber in sich geschlossen, von ganz und gar eigenem Charakter, ist das Ahrtal. Zugleich stellt es den ungewöhnlichen Lebenslauf eines kleinen Eifelflüßchens dar, dessen Biographie zu lesen, wie der Verfasser meint, sich lohnt.

In Blankenheim, zu Füßen der in ihren Anfängen aus dem 12. Jahrhundert stammenden Burg, steht das Geburtshaus der Ahr. Schon wie dieses Flüßchen ins Leben eintritt, ist ungewöhnlich. Es hat sein regelrechtes Geburtszimmer. In einer Brunnenstube kommt es zur Welt. Aus mehreren Quellen strömen die Wasser zusammen, sammeln sich in schöner Klarheit. Und dann verläßt das Rinnsal mutig das Vaterhaus. Man sieht ihm durch die geöffnete Tür des Quellenhauses zu und ahnt nicht, was aus dem kleinen Kerl Großes werden soll. Aber gut Ding will Weile haben. Man sieht sich erst einmal um. In Blankenheim, noch vom Hauch des Mittelalters durchwärmt, spürt man auf Schritt und Tritt die Geschichtlichkeit des Ortes, der bis zur französischen Revolution der Sitz eines der mächtigen Grafengeschlechter der Eifel war. Die Burg, heute Jugendherberge, vermittelt nur noch eine geringe Vorstellung von der einstigen Größe und dem kultivierten Innenleben mit Bibliothek, Kunstsammlung und Theater. Das war das Ende einer Epoche. Die französische Revolution hatte an die Tore gepocht.

Die Ahr steht am Anfang. Wie alles, was vernünftig ausgehen soll, klein beginnt, so trödelt das Bächlein erst einmal durch ein weites, sonnenwarmes Tal. Wiesen säumen den kindlichen Fluß. Die Straße ist wenig befahren. Die Eisenbahn zwischen Blankenheim und Dümpelfeld hat längst den Betrieb eingestellt. Pittoresk stehen die Ruinen der Burg Dollendorf gegen den Himmel. Dann erweckt Ahrhütte Erinnerungen an die seit über 100 Jahren zu Ende gegangene Eisenzeit in der Eifel. Hier standen die Eisenwerke der Herzöge von Arenberg, in Stahlhütte die Anlagen des Hammerwerkes. Die ländliche Anmut und stille Herbheit des Tales wird in Schuld wachgerüttelt. Über der Schlinge des inzwischen zu Kräften gekommenen Flüßchens erhebt sich der Ort, in den Felsen gefügt, mit kleinen Terrassen und hängenden Gärten an den Häusern. Alles ist von rustikaler Bescheidenheit, aber zugleich von schönem, natürlichem Temperament. Bei Dümpelfeld stößt von der Höhe die Straße von Adenau herab. Die Berge rücken immer näher an Fluß und Straße heran. Auf einem Felskegel im Tal erhebt sich Burg Kreuzberg. Hell leuchtet das weiße Schlößchen, ein Wegweiser zum verschwiegenen Sahrbachtal.

Noch war es ein Atemholen. Jetzt aber setzt die Dramatik mit Paukenschlägen ein. Jäh steilen sich die Felsen. Die Straße muß sich an ihnen vorbeiwinden und durch Altenahr hindurchzwängen. Die Berge rücken mit ihren Felsflanken noch näher heran. Der Weinbau hat schon vor Altenahr begonnen. Nun aber ist kein

Plätzchen mehr ausgespart, wo nur ein Rebstock Halt finden könnte. Terrasse schiebt sich über Terrasse, Chörchen über Chörchen. Über zwanzig Stufen klettert der Wein den Berg hinauf. Der Winzer erfährt es am eigenen Leibe: Hier muß jeder Tropfen Wein mit einem Tropfen Schweiß aufgewogen werden.

Die Straße läßt sich gehorsam von der Ahr führen, aber an ganz kurzer Leine. Die Stoßkraft des Flusses im Frühjahr bändigen hier die Felsen. Er hat aber auch schon viel Unheil angerichtet. Was die Natur in Jahrtausenden mit unvorstellbarer Zähigkeit geschaffen hat, den Durchbruch durch die Felsen, dazu mußte der Mensch den ganzen Apparat der Technik aufbieten. Erst der Straßentunnel bei Altenahr, der Durchstich durch die Breitlei, ermöglichte einen durchgehenden Verkehr im Verlauf des Ahrtales. In seinen Lebenserinnerungen schreibt der Essener Karl Schorn: »Es war im Jahre 1833, als ein staunenswertes Ereignis nicht nur das Rheinland, sondern auch weitere Kreise in Erregung brachte. Es war dies der sogenannte Durchbruch oder besser die Durchführung der Ahrtal-Fahrstraße durch den hohen Felsen der 182 Fuß langen Breitlei, bei Altenahr, wie sie heute noch existiert. Eine solche vermeintliche, jetzt tausendfach überwundene Riesenarbeit, wurde damals fast für unmöglich gehalten, und das nunmehr leichter zu erreichende Altenahr mit seiner großartigen Umgebung war das Ziel der Neugier für die gebildete Welt. Das Ereignis galt für ein so ungewöhnliches, daß selbst der damalige Kronprinz Wilhelm bei seinem Besuche der Rheinlande hierher kam, um den Durchschlag des Tunnels anzusehen.« Lange blieb dieser Straßentunnel bei Altenahr der einzige in Preußen. Schinkel hat sich selbst um eine geschmacklich befriedigende Lösung der äußeren Gestaltung des Tunnels bemüht.

Nun geht es mitten hinein in die Rotweinprovinz des Ahrtales mit Mayschoß, Rech, Dernau, Marienthal und Walporzheim, also Ahrweiler, heute mit Bad Neuenahr zusammengeschlossen. Schon 1869 wurde der Winzerverein von Mayschoß gegründet. Er wurde Vorbild nicht nur für die anderen Orte im Ahrtal, sondern weit darüber hinaus. Der Ahrburgunder hat seine besonderen Qualitäten und Meriten. Er ist schwer dem Boden abgerungen, aber dafür auch gehaltvoller und würziger als manch anderer Roter. Die sorgsame Kellerpflege hat einen erheblichen Anteil an der Qualitätssteigerung der Ahrrotweine von den alten Bleicherten zu Beginn des vorigen Jahrhunderts zu den heutigen Kreszenzen. Das Verdienst der Domäne Marienthal an dieser Entwicklung ist nicht hoch genug anzuschlagen. Die Lagen der einzelnen Ortschaften haben ihren individuellen Charakter, den sie im fertigen Wein eindeutig präsentieren. Altenahr hat seinen »Ecker« und »Liebesthaler«. Mayschoß seinen »Laacherberger« und »Mönchsberger«, Rech den »Goldkauler«, Dernau den »Hardtberger«, Walporzheim den »Kräuterberger«, »Domley«, »Pfaffenberger« und »Alte Lay«, Marienthal seine herrlichen Domänenweine und dann kommen Ahrweiler und Bad Neuenahr sowie der »Leyerberger« und »Finkensteiner« von Heimerzheim und Bodendorf, schon nahe der Goldenen Meile, der heiteren und fruchtbaren Öffnung des Ahrtales zum Rhein hin. Darüber wacht die breite Kuppe der Landskrone, wo bereits 1208 eine Königsburg stand. In alten Ratsprotokollen von Ahrweiler, das schon vor 1000 Jahren den Weinbau pflegte, heißt es, daß die Rebe die »fürnehmste Nahrung« sei. Der gläserne Weinberg bei Bad Neuenahr sorgt dafür, daß die Gäste neben dem Gebrauch der heilenden Quellen frühzeitig im Jahr auch eine Traubenkur machen können. Sie liegen geschwisterlich eng beieinander, eine Einheit und doch zwei Wesen: Bad Neuenahr, das gepflegte Heilbad, das mit der Spielbank gerne auch mit einem modernen Appeal flirtet, mit kultivierten Parkanlagen und üppigen Gärten – daneben Ahrweiler im steinernen Ring seiner mittelalterlichen Mauern, ein Stück lebendiger, besonnter, weinduftender Vergangenheit. Ahrweiler konnte sich seit 1248 der Stadtrechte erfreuen. Bad Neuenahr wurde erst zum Leben erweckt, als 1858 die Brunnenbohrungen Erfolg hatten und die Heilkräfte der Erde ans Licht und in die Wannen der Kurgäste sprudelten. In der Weinprobierstube des Landkreises Ahrweiler kann auch ein erfahrener Weinkenner, wenn er nicht gerade ein ausgepichter Rotweinspezialist ist, noch etwas hinzulernen, wenn er den »Landskroner Berg« von Heimerzheim, den »Marienthaler Klostergarten« oder »Marienthaler Trotzberg«, die »Walporzheimer Gärkammer« oder das »Ahrweiler Rosenthal« probiert. Zwischen Kreuzberg und der Landskrone liegt das größte geschlossene Rotweinanbaugebiet Deutschlands, mitten in der Eifel, aber durch die Eifelberge auch wieder gegen kalte und unfreundliche Winde geschützt. Sie gehören zusammen, die Ahr und die Eifel.

Doch die Weininsel ist keine Insel der Seligen, auf welcher dem Träumer und Genießer die reifen Trauben in den Mund wachsen, so daß ihnen das Rebenblut wohlig über die Zunge rinnt. Zweihundertfünfzig Meter muß der Winzer mit Kiepe und Hotte ungezählte Male in den Wingert steigen, von Felsgrat zu Felsgrat. Zum Düngen und Binden, zum Unkrautjäten, zum Schneiden und Spritzen und zu all den vielen Arbeiten, die die Jahreszeit und die Rebe ihm im ewigen Kreislauf abverlangen, ehe der Tag der Lese gekommen ist. Und dann ist oft kalter Herbst, so daß die Finger klamm werden und von der Süße der Beeren für die Spätlese zusammenkleben. So ganz stimmt es nämlich nicht, daß ein guter Wein ein Geschenk des Himmels sei. Ohne Mühe und Fleiß gedeiht kein Weinberg und gibt es keinen Wein, der dann allerdings mit Engelszungen zum verständigen Trinker sprechen kann.

Die Klarheit und vollmundige Reife des Weins sind das Ergebnis eines langen

Weges von der Rebe durch den Keller in die Flasche, ähnlich wie die Ahr selbst ihr Leben bescheiden und anspruchslos beginnt, sich dann in dramatischen Akkorden ihren Weg durch die Felsen bahnen und finden muß, um schließlich die leichte und weiche Luft des Rheintales atmen zu können. Es ist ein weiter Weg von Blankenheim zur Goldenen Meile. Natürlich haben auch hier die Römer bereits gelebt und ihre Fabriken gehabt. Und andere waren vor ihnen hier. Doch das curriculum vitae eines Flusses, der berühmt geworden ist durch seine Felsendynamik, durch seine eigenartige Romantik aus Schroffen und Klippen, aus Rippen und Talengen, durch seinen Wein, hat auch anderes zu vermerken. Der Höhenunterschied zwischen Dümpelfeld und Remagen beträgt immerhin 157 m auf 36 km. Die Schlucht des Tales und sein Gefälle erklären es, warum früher die Hochwasser so gefürchtet waren und Häuser und Brükken hinwegrissen.

Die Ahr hat immer Aufgaben gestellt, dem Winzer, dem Straßenbauer und dem Wasserbautechniker. Eine außergewöhnliche Pionierleistung im Verkehrswesen ist aber ganz und gar in Vergessenheit geraten: die erste schienenlose Straßenbahn, heute Obus genannt. Im Jahre 1906 wurde die Strecke Bahnhof Bad Neuenahr – Ahrweiler – Bahnhof Walporzheim der »Elektrischen gleislosen Bahn Ahrweiler GmbH« dem Verkehr übergeben. Die Stromzuführung erfolgte durch eine Oberleitung, wie sie für Straßenbahnen heute noch üblich ist, während die Wagen selbst Omnibusse nach dem Modell der alten Postkutschen waren, die sich allerdings zum Teil mit Gummireifen, ziemlich frei auf der Straße bewegen konnten. Der Erste Weltkrieg führte das langsame Ende dieser Bahn herbei, die von den Zeitgenossen »Elektrosaurus« genannt wurde. Man denkt an das Schicksal der Nähmaschine im Mayener Museum. Daß die schienenlose Straßenbahn gerade nach Walporzheim führte, dürfte kein Zufall gewesen sein; denn hier schlug immer das Herz des Rotweinfreundes, wenn auch ganz verschwiegen, etwas höher. Hier steht nämlich das älteste Weinhaus im Ahrtal: der »Sankt Peter«. Der Namenspatron ist in figura über dem Eingang anwesend. Zwei Schlüssel hält er in Händen. Die alten Winzer erzählen, daß der eine das Tor zur himmlischen Seligkeit aufschließe; deshalb sei er aus Gold. Der andere passe auf die Tür zum Weinkeller und sei, da er irdischem Zweck diene, verrostet. Der eiserne Schlüssel aber stand bei den Winzern in nicht minderer Gunst als der goldene. Das Anwesen »Sankt Peter« stammt aus der ersten Hälfte des 13. Jahrhunderts. Es war der Besitz des Kölner Domes, bis zur Franzosenzeit am Rhein. Die Soldaten Napoleons hatten überhaupt eine gute Spürnase für einen Tropfen, der es lohnte, ihn langsam über die Zunge laufen zu lassen. Und sie hatten eine Witterung für das einsame felsige Tal, wo im Herbst die Trauben purpurn glühen. Schon die Soldaten des vierzehnten Ludwig von Frankreich sollen der Bunten Kuh ihren Namen gegeben haben. Die Bunte Kuh ist ein natürliches Felsgebilde an einer Felsenecke der Ahrtalstraße, das die Phantasie des Betrachters mit einigem Wohlwollen als das Abbild eines Kuhkopfes zu identifizieren vermag. Die Fama erzählt durch den Volksmund, daß die erwähnten Kriegsmannen bei der ersten Probe des Ahrburgunders begeistert ausgerufen hätten »Bon de goût«. Die Bauern aber hätten es so verstanden, als habe die Einquartierung mit diesen Worten das Felsgebilde an der Straßenkehre bezeichnen wollen. Wie dem auch sei, das Ahrtal hat mit seinen grotesken Felsbildungen aus der Hand des Meisters Zufall zu vielen Auslegungen gestalthafter Steinformationen Anlaß gegeben, auch um die hochrenommierte Lochmühle in dem kleinen Laach mit dem Felsentor, mit Teufelsley und Engelsley. Immer gerecht nach beiden Seiten. Im Ahrtal hat man den Eindruck, daß ihm vom Rhein her ein apollinischer Hauch zuwehe. Die Bunte Kuh und der Pilatusfelsen am Totenmaar, das scheinen zwei Welten zu sein.

Und doch, das Ahrtal mit seinem Wein ist nicht die einzige Ausnahme in der Eifel. Auch in der fruchtbaren Wittlicher Senke mit ihrer roten Erde gedeiht ein guter Wein, aber auch Tabak und Mais. Überhaupt ist die Rebe auf dem Rückzug, wenn man in frühere Jahrhunderte zurückblickt. Im Mittelalter wuchs im Rurtal über Nideggen hinaus bis Heimbach Wein, besonders in Winden, Abenden und Hausen. Noch Anfang des 20. Jahrhunderts gab es einen Windener Burgunder. Auch in Burtscheid bei Aachen, im Südteil der Zülpicher Börde, in Wollersheim und Embken, dann in Bürvenich, Schwerfen, in Münstereifel, Meckenheim und Rheinbach standen Reben. Und in der Pellenz, in Nickenich, Obermendig, Bell, Plaidt, Kottenheim und Trimbs, sodann in Burgbrohl im Brohltal. Eine Verordnung des Mayener Stadtrates von 1727 befahl, daß jeder Wirt, der ein neues Faß anschlug, sofort dem Bürgermeister eine Probe zu überbringen hätte – bei Strafe von 1 Goldgulden bei Nichtbefolgung dieser Vorschrift. Der Bürgermeister kostete den Wein, setzte den Preis fest und gab den Ausschank frei, was bei geläuteter Glocke männiglich kund und zu wissen gemacht wurde. Schade, manche guten Bräuche sind allzu früh ausgestorben.

Daß auch die Rebhänge der Mosel weit in die Nebentäler und damit in die Eifel hinreichen, macht diese Zugangswege besonders attraktiv. Wissenschaftler behaupten, vom 13. bis 15. Jahrhundert habe eine kontinuierliche Wetterverschlechterung stattgefunden, der auch der Weinbau in den nicht mehr witterungsgünstigen Gebieten erlegen sei. Viel hat natürlich auch die Reblaus im vorigen Jahrhundert noch zerstört. Jedenfalls gab es schon gegen Ende des 9. Jahrhunderts im Ahrtal Weinbau. Das Benediktinerkloster in Ahrweiler besaß damals allein den Ertrag von 76 Morgen Weinbergen als Zehnten, insgesamt in Ahrweiler 750 Morgen. Um 1200 waren 80 Prozent der Wingerte in Händen von Klöstern und Adelshöfen. 1790 waren dann wieder 80 Prozent der Weinberge in Winzerbesitz. Das hatte also ein gutes halbes Jahrtausend gedauert, bis das Land wieder in die bearbeitende Hand kam. Burgundertrauben gibt es an der Ahr erst seit dem 17. Jahrhundert. Vorher kamen auch von der Ahr nur Weißweine. Meist lag es früher an der mangelnden Kellerpflege, wenn ein Surius ausgeschenkt wurde. Oder war der Durst zu groß?

In Münstermaifeld gab es im vorigen Jahrhundert rund dreißig Gaststätten. Hier hatte man wohl einen geradezu keltischen Durst oder nur eine allzu trockene Kehle. Wenn die Mosel auch nicht sehr weit entfernt war, so soll der Wein damals, gelinde gesagt, nicht der beste gewesen sein. Aus dieser Zeit stammt diese Geschichte: Ein Gast bestellt einen Schoppen Mosel. Nimmt einen ganz kleinen Schluck. Bezahlt den Pokal. Bestellt noch einen mit den Worten: »Hei, noch emol dasselbe, für den, der en trinke moos.« Der Wirt stellte das zweite Glas neben das erste. Der Gast sah den Wirt an, bezahlte auch das zweite Glas und verließ das Lokal. Natürlich ist diese lokale Überlieferung nicht notariell beglaubigt, aber einem richtigen Eifeler ist diese opfervolle Gerechtigkeit zuzutrauen.

In einem Land, durch das noch viel auffälliger als die Mundarttrennlinie die Schwarzbrot-Weißbrotgrenze verlief, kann auch der Humor keine einheitliche Stimmlage aufweisen. Der Fischer Maathes aus Trier ist gemütvoller als das pfiffige, mit den Wassern von zwei Flüssen gewaschene Kowwelenzer Schängelchen. Der Oöcher Mutterwitz ist anders als der Kölsche Klaaf, der sich gern ins Hintergründige verliert, doppelten Boden hat und oft surrealistische Züge annimmt. Die Lust am Verzällchen ist aber überall gleich. Das Anekdotische, das sich scheinbar an die Realität hält, ist besonders beliebt. Am nächsten scheinen im Witz noch Köln und Aachen verwandt, nicht allein, weil in beiden alten Freien Reichsstädten das Puppentheater einen honorigen Platz hat und offizielle Förderung findet. Es liegt vielleicht an der ausgeprägten Selbständigkeit des politischen Denkens an beiden Plätzen, wo besondere Maßstäbe mitvererbt worden sind, wo man Demokratie nicht erst lernen mußte, als es keine Kunst mehr war, sie zu praktizieren. In der Auswirkung färbte der städtische Humor auch in der Eifel ab, in der Nähe der Städte mehr, in der weiteren Entfernung weniger. Die Marktfrau aus dem Vorgebirge hatte noch vor fünfzig Jahren in Köln nicht nur auf dem Heumarkt ihr unangetastetes Heimatrecht. Aber der »Eifeler Buur« hatte oft nichts zu lachen, wenn er in die große Stadt kam, da man ihn nicht immer zartfühlend, wenn auch nie boshaft behandelte. Das förderte dann seine Verschlossenheit und Wortkargheit. In der Eifel selbst hat die jahrhundertelange Not die Lippen zusammenkneifen lassen und die Armut oft dem Humor das Salz der Bitternis beigemengt. So sagt man etwa über einen, der blaß und mager ist, daß er aussehe »as krich en nett satt Wasser«. Einem knurrenden Magen fällt das befreiende Lachen schwer. Unter seinesgleichen geht der Eifeler, auch im stillsten Winkel des Landes, am ehesten aus sich heraus. Und dann versteht er auch mit dem Wort treffend zu hantieren. Dann nennt er auch die Kirche im Venn, deren Bau vor der Währungsreform mittels fromm geschmuggelten Kaffees finanziert worden war, frank und frei »Sanct Mocca«. Wenn es lange Zeit geradezu ein geflügeltes Wort war »Eiflia non cantat«, so dürfte das Musikfest, das alljährlich im Kloster Steinfeld stattfindet, diese Verallgemeinerung widerlegt haben. Sicherlich ist die Eifel nicht das Land der singenden, klingenden Berge wie das Bergische Land, aber sie ist auch nicht stumm.

Bei den ländlichen Festen und Feiern des bäuerlichen und des kirchlichen Jahreslaufes ist der Eifeler ganz dabei. Bei Prozessionen und Wallfahrten, vor allem aber bei den Kirmessen, Schützenfesten, Kram- und Viehmärkten, die zwar immer geringere Bedeutung hinsichtlich des Warenumsatzes haben, aber als geselliger Treffpunkt ungern aufgegeben werden. Manche Schützenbruderschaften sind uralt. Die von Rheinbach stammt aus dem Jahre 1313. Zu Ostern ist der Brauch des Färbens und Kippens (Aufeinanderschlagens) der Eier wie im ganzen Rheinland üblich. Etwas besonderes bietet Schönecken mit seiner Eierlage, einer Verbindung von Wettlauf und Eierauflesen, eine heiterernste Geschicklichkeitsprüfung. Der Mai wird im rheinischen Sinne begrüßt, mit Maiandachten, Maiansingen, Errichtung des Maibaumes und, vor allem im Drachenfelser Ländchen heute noch, mit der Mailehenversteigerung durch die Junggesellenreih und der Wahl der Maikönigin. Dem Karneval gibt in Blankenheim seit über 400 Jahren der Geisterzug eine besondere Note. Hier wird das Dämonenbeschwörende, das Hintergründige des so leicht in billigen Jux untergehenden Fastnachtszeremoniells bewahrt. Aus der Riesenzahl der Kirmessen, seien zwei, die zu Volksfesten geworden sind, herausgegriffen, die neuntägige Annakirmes in Düren, zu der 1970 tausend Schausteller, Fahrgeschäfte und andere ambulante Attraktionen den Besucher erwarteten. Und es können bis zu einer Million Neugierige und Kirmesbegeisterte sein, die nach Düren kommen. Jubel und Trubel herrschen auch in Wittlich auf der »Säubrenner-Kirmes«, die vom lockenden Duft des rotierenden Spießbratens überwölbt ist.

Kirmesbesuch macht durstig. Zwischen Bitburg und Trier wird man einen Port »Viez« trinken, kräftigen, kühlen Apfelwein. Aber auch an Bier ist kein Mangel, komme es aus Bitburg, Trier, Niedermendig, Monschau, Gemünd, Wollersheim oder Euskirchen. Da manche behaupten, man solle Bier nicht trocken trinken, kommt am Feiertage noch ein Schnaps dazu. In Monschau ist das der bodenständige »Els«, der nach Kräutern schmeckt, in Ahrweiler ein Weinbrand oder ein Eifelgeist, in Zülpich ein reingebrannter Korn, um nur einen flüchtigen Blick auf die Getränkekarte zu werfen. Die Damen bekommen – oder bekamen wenigstens früher – einen Klosterlikör aus Mariawald. Kirmes, dazu gehören auch Platten mit Streuselkuchen oder in der westlichen Eifel, vor allem um Monschau, die dunklen Birnenfladen und die hellen Reisfladen. Die alte Tuchmacherstadt hat eine ganz lokale Spezialität, die zu einem beliebten Souvenir geworden ist, aufzuweisen: die Dütchen, kleines tütenförmiges Mürbegebäck, das seine Vollendung erst durch die Füllung mit Schlagsahne erfährt.

Solche Delikatessen sind im allgemeinen nicht auf der rustikalen Speisekarte der Eifel heimisch. Da stehen vielmehr kräftige Gerichte an der Spitze, vor allem Wild und dann Bachforellen, wenn auch heute in allen Lokalen die Speisen geboten werden, die in jeder guten Gaststätte auf der Standardkarte stehen. Die kulinarische Entdeckungsreise bietet deshalb nicht so reiche Ausbeute wie die künstlerische.

In dieser Hinsicht steckt die Eifel auch heute noch voller Überraschungen, deren nur der aufgeschlossene Wanderer und der unkonventionelle Autotourist teilhaftig wird. Etwa die Begegnung mit einem wundersamen Werk der Kölner Malerschule des 15. Jahrhunderts, dem Flügelaltar in dem Filialkirchlein von Kirchsahr, das frisch leuchtet, wie eben gemalt. Es stammt vom Hochaltar der Stiftskirche in Bad Münstereifel. Oder ein ledernes Vesperbild Marias mit dem toten Sohn in der Kriegerkapelle St. Peter und Paul in Eschweiler. Diese Prozessionsfigur stammt wahrscheinlich aus dem 14. Jahrhundert. Der Heilige Bartholomäus in Waldorf trägt seine eigene Haut über dem Arm, wie einen Mantel. Die Eifeler Kunst ist fromm, aber oft auch recht drastisch. In Keldenich ist die St. Brigida mit der Kuh dargestellt. Die Heiligen gehören fast zur Familie. Und so nennt man den St. Antonius den Säu-Tünnes und St. Hubert den Hunks-Huppert, weil er meist von einem Jagdhund begleitet ist.

Man muß die großen Straßen verlassen, wenn die Eifel zum Erlebnis des Besonderen werden soll. Da ist im Nitztal die St.-Jost-Kapelle, dem Heiligen Jodokus geweiht. Sie birgt einen Barockaltar. Reich an Dokumentationen sind die Heimatmuseen. Sie sollten nicht nur Zuflucht bei schlechtem Wetter sein, wenn die nächste Gaststätte gerade ihren Ruhetag hat. Das Verständnis für die Landschaft wächst mit einem Blick auf ihre Vergangenheit, die sich ja noch nicht restlos aus der Gegenwart zurückgezogen hat. Mancher Eifeler ist erst außerhalb der Grenzen seiner Heimat zu Ansehen gelangt. Ohne Johannes Sturm (Sturmius) ist die Gründung der Universität Straßburg nicht zu denken. Sturm aus Schleiden stand zusammen mit Johannes Philippi (Sleidanus) Calvin nahe. Der Nobelpreisträger und Chemiker Emil Fischer stammt aus Euskirchen.

Über die Eifel wurde wenig gesprochen, ehe sie nach dem Bau der Eisenbahnstrecke Köln – Trier als Ferienlandschaft von besonderen Qualitäten entdeckt wurde. Für die Geologen war sie ein Geheimtip. Noch Goethe gewann ihr nicht mehr als erdgeschichtliche und physikalische Neugier ab. Der »Brockhaus« von 1892 qualifiziert sie als »einförmig, rauh und unfruchtbar« und erkennt lediglich und geradezu herablassend ihre »vulkanischen Bildungen« an. Als Urlaubsland hat die Eifel eine große Zukunft. In dieser Hinsicht ist sie keinesfalls stehengeblieben. Vor dem Ersten Weltkrieg kostete die Pension pro Tag im Hotel Bungart, zu dieser Zeit eins der besten Häuser der Eifel, 7,– Mark. Damals genügte die Erholung. Heute will der Gast, daß ihm etwas geboten wird. Naturparks, Wildreservate und Talsperren sind Attraktionen. Auch in dieser Hinsicht kann die Eifel einen anschaulichen Katalog aufblättern. Unter den Talsperren dominiert der Rursee Schwammenauel zwischen Heimbach und Gemünd. Sind im Norden die großen Wildfreigehege von Hellenthal (mit Greifvogelwarte), Schmidt und Kommern, so wächst im Süden zusehends die Deutsche Wildstraße, die im Endstadium sieben Wildgroßparks umfassen soll. Vom Hochwildpark Gondorf ausgehend wurde bei Daun der Schutzpark für Rot-, Dam- und Schwarzwild fertiggestellt. Es folgten der Adler- und Falkenhof um die Kasselburg bei Gerolstein mit Saupark und Murmeltieranlage und der Wisent- und Gebirgswildpark bei Birresborn. Durch diese Parks kann man mit dem Auto, bei 20-km-Stundengeschwindigkeit allerdings, hindurchfahren. Das bedingt schon die Größe der einzelnen Areale mit einer Länge von 10 bis 15 km. Die ganze Rundstrecke beläuft sich nach Fertigstellung des Gesamtvorhabens auf 90 km. Jedenfalls erlebt man hier die Tiere wie in freier Wildbahn, meist in Rudeln oder kleinen Gruppen, und zwar in der ihnen artgemäßen ökologischen Umgebung.

Die beiden großen Naturparks Eifel-Hohes Venn und der Deutsch-Luxemburgische Naturpark greifen über die Staatsgrenzen in gegenseitigem Einvernehmen hinaus. Am Rhein gehört der Naturpark Kottenforst Ville zur Eifelregion. Er reicht vom alten Vulkan Rodderberg bei Bad Godesberg-Mehlem über das Drachenfelser Ländchen und den Kottenforst bis zur Höhe Brühl-Liblar der Ville, oder wie meist gesagt wird: des Vorgebirges. Der Kermeter wurde 1733 von Burggraf Heupgen von Heimbach als »die kostbarste Perl der hertzoglichen (Jülischen) Cron« bezeichnet. In einer uralten Chronik wurde versichert, daß hier »das Geheul wilder Tiere widerhallt«. 1874 wurde bei Dreiborn der letzte Wolf erlegt. Man war sicherlich froh, den gefährlichen Burschen los zu sein. Heute fehlen uns die Tiere in der Natur. Man sucht sie in allen Teilen Europas zusammen, um die Wildparks artengemäß zu beleben. Anscheinend erfährt man immer erst dann, wenn man eine Sache verloren hat, wie sehr man eigentlich an ihr gehangen hatte. Mit der Natur zumindest geht es uns so, obwohl wir strikt ablehnen, als Romantiker verdächtigt zu werden. Mit den Burgen ist es nicht anders. Sie fesseln gerade dann, wenn ihre Bewohnbarkeit demonstriert wird. Das trifft vor allem für die Ganerbenburgen zu, die Gemeinbesitz verschiedener Familienzweige waren, wie Olbrück, nahe dem Weiberner Tuffsteingebiet, im oberen Brohltal, Burg Eltz und Bürresheim im Nettetal, wo die Wandlung von der Burg zum Schloß besonders eindrucksvoll vor Augen geführt wird.

Der Eifel muß man praktisch die Jackentaschen auskramen, um zu erfahren, was sie alles an sich und bei sich hat. Sie legt ihre Karten nicht einfach auf den Tisch, um mit ihren Assen zu prahlen. Sehr vieles ist auch Stimmung. Dazu muß man eingestimmt sein in diese Landschaft. Bilder vermitteln eine treffendere Vorstellung als Worte. Anschaulich und ausdrucksstark ist die Eifel von Natur. Zu der Arduenna silva gehörte die Eifel seit Caesar. Selbst Shakespeare kann sich der Magie dieses Wortes nicht entziehen. Eifel und Ardennen, im heutigen Sprachgebiet wohl verwandt, aber getrennt, sind zwei Strophen eines großen, balladesken Epos. Dem Ritter Hubertus soll auf der Jagd der Hirsch mit dem leuchtenden Kreuz im Geweih erschienen sein. Man sagt bei St. Hubert in Belgien, mitten in den Ardennen. Andere wollen wissen, daß bei Wolsfeld, das in der Rochuskirche einen Hubertusaltar zeigt, dem späteren Bischof Hubertus von Lüttich der geheimnisvolle Hirsch begegnet sei. Legenden kann man nicht unter den Röntgenschirm legen. Aber Eifersucht ist auch ein Zeichen von Liebe, besser jedenfalls als Teilnahmslosigkeit. Und so mag jeder die fromme Geschichte da ansiedeln, wo es seinem Herzen paßt. Die Eifel, ein Kernstück des lotharingischen und des burgundischen Reiches ist keine isola bella. Sie hat sich nie aus den Händeln der Welt heraushalten können. Wenn die Figuren auf dem europäischen Schachbrett in Bewegung gesetzt worden waren, dann wurde auch die Eifel in Mitleidenschaft gezogen, in des Wortes wahrster Bedeutung. Der zweihundertjährige Frieden zwischen 70 und 270 erscheint heute wie ein fernes Glück, wie ein verwehter Traum. Das 16. und 17. Jahrhundert waren auch für die Eifel die dornigste Zeit. Dem niederländisch-spanischen Krieg folgte der jülisch-klevische Erbfolgekrieg, dann der Dreißigjährige Krieg und schließlich brandeten die französischen Raubkriege bis an den Rhein heran. Man versteht manches besser, wenn man nur diese makabren Meilensteine der Historie im Auge behält. Noch liegen die gesprengten Bunker als mahnende Tatzeugen jüngster Irrwege der Geschichte entlang der Grenze zwischen Aachen und Trier.

Die Eifel ist ein Lehrbeispiel, in vieler Hinsicht. Vor allem aber dafür, daß Frieden genau so not tut wie das tägliche Brot, wobei es keine Rolle spielt, ob es grau vom Roggen, weiß vom Weizen ist. Die Hauptsache ist, es nährt seinen Mann. Die vulkanischen Zeiten, in denen die Erde wie eine brueghelsche Höllenvision aufbrach, sollten für immer vorbei sein. Was in der römischen Epoche gelang, das sollte heute erst recht möglich sein: einen Frieden für Jahrhunderte zu schaffen. Ein Land, das soviel gelitten hat wie die Eifel, drängt diesen Wunsch geradezu auf.

Er bleibt ein Zug ins Herbe. Er wurde zum schönsten Begleitwort dieser Landschaft in der Wendung von der herbschönen Eifel. Der Dichter Gerhard Nebel besteht sogar auf der Melancholie, die ihr zu eigen sei. Es kommt wohl auf die Stimmungen an, der Natur und des Betrachtenden.

Norbert Jacques, ein Sohn dieses Grenzlandes im Westen, schrieb über das Schlößchen der Äbte von Echternach in Weilerbach – auf der Eifelseite der Sauer – zu den geheimen Gängen in dieser kleinen Lustresidenz folgendes nachdenkliche Kapitel: »Hatte Emanuel Limpach, der 72. Abt der reichsunmittelbaren Abtei Echternach, das alles etwa doch nicht als Zauber gebaut? Mißtraute er 1780 den Zeiten? Er hätte recht gehabt, denn 1795 flohen die Echternacher Mönche vor den ins Kloster eindringenden Ohnehosen. – Und mit ihnen war der Klosterschatz einer der reichsten Abteien Europas spurlos verschwunden und blieb es. Erst in den letzten Jahrzehnten finden sich fortwährend und überall in Europa die kostbaren Perikopenbücher und Evangeliare, die in den beiden Echternacher Malerschulen im achten und elften Jahrhundert neben Elfenbeinschnitzereien entstanden sind: In Gotha, Trier, Hamburg, Berlin, München, Bremen, Darmstadt, Paris, Brüssel, London, Upsala, Prag, Wien, Madrid usw. Man habe erst den sechsten Teil wiederaufgefunden, sagen die Forscher. 1952 bin ich zum letzten Male dagewesen. Ich sah die alten teuern Knabenerinnerungen unter Schutt begraben und das frohe Schlößchen als ein Opfer der Rundstedt-Offensive wieder. Ein deutscher Wehrmachtstab hatte 1944 sich in seinem Zauber sichern wollen, und die amerikanische Artillerie hatte es in Trümmer geschossen.«

Das ist verkürzt der Bericht des Dichters. Die Eifel lebt, wenn sie auch Wertvolles verloren hat. Nicht durch eigene Schuld hat sie vieles eingebüßt, das in früheren Jahrhunderten ihren Reichtum ausgemacht hat. Sie überlebte nicht nur; sie bestand, wie der grausige Hürtgenwald wieder ergrünt ist. Ein Grün der Mahnung und zugleich der Hoffnung. Dazu ein lockendes Grün in einer Landschaft des Friedens, die Grenzen immer wieder übergreifend, wie in den Naturparks, die sie gemeinsam mit Belgien und Luxemburg hat, Staaten und Völker verbindend wie in römischer, lotharingischer und burgundischer Zeit. Ein Mittelgebirge von eigenem landschaftlichen und geschichtlichen Charakter, ein Land der Mitte.

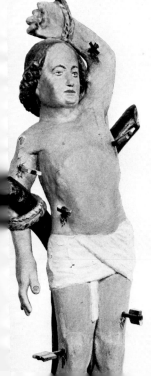

Zu den Abbildungen

1 Blick vom Steinerberg zwischen Ahr und Rhein zur Hohen Acht. Wuchtige Waldberge und tief eingeschnittene Täler sind typisch für den größten Teil der weitgehend noch urwüchsigen Eifellandschaft.

2 Das Ulmener Maar. Die Maare, Seen im Kraterrund vulkanischer Gaseruptionen, sind Charakteristika der Südeifel.

3 Viele Maare sind verlandet oder wachsen langsam zu, wie z. B. das Meerfelder Maar am Fuße des Mosenberges.

4 Das Rurtal bei Blens. Zwischen Nideggen und Heimbach werden die Rotsandsteinfelsen gern zu voralpinen Kletterübungen benutzt.

5 Bad Münstereifel ist noch heute ein Stück lebendiges Mittelalter, bewahrt von mächtigen Stadtmauern, festen Toren und 18 Türmen. Der reichgeschnitzte Giebel des Windeckhauses stammt aus dem 17. Jahrhundert.

6 Die im Inneren erneuerte Pfarrkirche in Bad Münstereifel, die alte Stiftskirche, ist eine frühromanische Pfeilerbasilika.

7 Die Benediktinerabtei Maria Laach, am Laacher See, dem größten Eifelmaar, wurde 1093 gegründet. Das »Paradies« mit dem Löwenbrunnen am Kircheneingang.

8 Abteikirche Maria Laach in der Gesamtarchitektur ein Bauwerk von edler Ausgewogenheit reifer Romanik.

9 Blick auf die Hohe Acht, den mit 747 m höchsten Berg der Eifel.

10 Burg Pyrmont, im 13. Jahrhundert erbaut und 1810 auf Abbruch versteigert, ist stilvoll renoviert und heute wieder bewohnt.

11 Die Eifel ist die Landschaft der großen Ruhe, in der Mensch und Natur noch weitgehend im Einklang leben.

12 Modernste Technik und kühne Forschung verbinden sich bei der Himmelserkundung mit dem Riesen-Radioteleskop bei Effelsberg, zwischen Bad Münstereifel und dem Sahrbachtal.

13 Im Buchenloch, einer Höhle im Dolomitfelsen der Munterley bei Gerolstein, lebten schon in der Steinzeit Menschen. In der Nähe schufen Kelten einen Ringwall, Römer bauten die Villa Sarabodis.

14 Mönche beim Frühgebet im Zisterzienserkloster Himmerod im Salmtal. Die Kirche wurde vor wenigen Jahren neu aufgebaut. Von der alten Pracht war kaum mehr als die herrliche Barockfassade als Ansatzpunkt geblieben.

15 Vom Mauerring umschlossen ist noch heute das einstige Prämonstratenserkloster Steinfeld in der Nähe von Kall. Die besterhaltene Reichsabtei in der Bundesrepublik hat alljährlich ihren großen Tag mit dem Eifeler Musikfest.

16 Die »Siegfriedlinie« unseligen Angedenkens mit den gesprengten Betonbunkern und der Höckerlinie der Panzersperren war für einen Augenblick wieder Sensation, als ein Maler eine Reihe der »Drachenzähne« bunt anstrich.

17 Aus naiver, volkskunstnaher Bastelfreude schufen an einigen Orten auf dem Höhenrücken der Südwesteifel Bauern großformatige und buntbemalte Figuren aus Blech.

18 Burg Nideggen über dem Rurtal leuchtet im roten Sandstein, der hier ansteht. Im »Jenseitsturm« der Burg, die 300 Jahre lang Sitz der Grafen und Herzöge von Jülich war, saßen ein Herzog von Bayern und Kölner Erzbischöfe gefangen.

43 Von der Gestaltungskraft der Eifeler legen die herben, aber verinnerlichten und ausdrucksvollen Plastiken im Eifeler Landschaftsmuseum (Eifelvereins-Museum) beredtes Zeugnis ab.

44 Mayen, das Zentrum der steinverarbeitenden Industrie und Hauptort des Maifeldes.

45 Monreal im verträumten Elztal, flankiert von zwei markanten Burgruinen, hatte einst durch die Tuchweberei beachtlichen Wohlstand erlangt.

46 Krammarkt in Simmerath, zwischen dem Kalltal und der Rurtalsperre Schwammenauel gelegen.

47 Adenau ist durch den Nürburgring bekannt geworden. Fachwerkhäuser am Markt aus der ersten Hälfte des 17. Jahrhunderts umspielt der Glanz der Vergangenheit.

48 In Köln wie in Bonn oder Trier legten die Römer größten Wert auf hervorragendes Wasser. Hygiene wurde bei ihnen groß geschrieben. Deshalb bauten sie eine 78 km lange Wasserleitung, die mitten aus der Eifel, von Nettersheim, bis zum Rhein, bis Köln führte. Bei Vussem ist der Rest eines Aquäduktes, der Überbrückung eines Tales für die Wasserführung, erhalten geblieben.

49 Auf der Wasserscheide zwischen Rhein und Maas, im Walde bei Zingsheim (Pesch) erinnert ein Matronen-Heiligtum daran, daß sich in der Eifel keltische, römische und fränkische Elemente vermischt haben.

50 Erntezeit in der Westeifel bei Leidenborn.

51 Neuerburg im Tal der Enz ist Mittelpunkt des Gebietes zwischen Prüm, Bitburg und Luxemburg.

52 Am Rande des elegischen Totenmaares bei Daun steht im Schatten alter Bäume das Kirchlein des verschwundenen Dorfes Weinfeld mit dem Friedhof von Schalkenmehren.

53 Winterlandschaft um das zugefrorene Totenmaar.

54 Bei Daun entstand der erste von sieben geplanten Wildgroßparken der Deutschen Wildstraße in der Zentraleifel. Hier leben Rot-, Dam- und Schwarzwild wie in freier Wildbahn.

55 Nahe bei Mayen liegt Schloß Bürresheim wie verwunschen im Nettetal. Das Jagdzimmer.

56 Manderscheid auf einem Bergrücken zwischen Lieser und kleiner Kyll ist die Heimat einer bedeutenden Eifeler Dynastie, der Grafen von Manderscheid-Blankenheim. Sie residierten seit etwa 1150 jahrhundertelang auf der Niederburg.

57 Die Wasserburg Schloß Eicks bei Kommern stammt aus dem 17. Jahrhundert. Die Vorburg und der Brückenheilige.

58 Old-Timer treffen sich jährlich zu einer Rallye der Autoveteranen im Hohen Venn bei Monschau.

59 Heuernte in der Nordeifel.

60 In Reifferscheid wachsen Ort, Kirche und Burg zu einer Bergkrone zusammen, einst Sitz gefürchteter Raubritter.

61 In der Eifel gibt es eine ganze Reihe von Ringwällen, frühgeschichtlichen Fliehburgen, aus keltischer Zeit. Hier ein Steinwall auf dem Barsberg bei Kelberg.

62
63 Prozessionen und Sternsingen sind der Ausdruck bodenständiger Frömmigkeit: Michaelsprozession zur Wallfahrtskirche in Klausen, Echternachter Springprozession, Fronleichnamsprozession in Kalterherberg, Palmprozession in Ormont am Goldberg, Sternsingen am Dreikönigstag in Manderscheid.

64 Am Fuße des »Schwarzen Mannes« (697,5 m hoch) liegt Bleialf. In der Pfarrkirche ein Sandstein-Vesperbild vom Anfang des 18. Jahrhunderts.

65 Bußkreuze, Pestkreuze, Grabkreuze und Bildstöcke aller Art findet man in der ganzen Eifel. Dieses hölzerne Grabkreuz steht im Rheinischen Freilichtmuseum des Landschaftsverbandes Rheinland in Kommern. Dort werden die historischen Siedlungsweisen und Lebensformen in originalen Dokumenten lebensnah veranschaulicht.

66/67 Das Rheinische Freilichtmuseum des Landschaftsverbandes Rheinland in Kommern repräsentiert mit jeder Baugruppe den Dorftypus einer rheinischen Landschaft vom Niederrhein bis zum Hunsrück.

68 Kronenburg über dem Kylltal hat die Maler immer angezogen, weil hier ein kleiner Ort sich in seiner ursprünglichen Intimität erhalten hat.

69 In Kronenburg ist die Enge Nähe und ist das Malerische nicht beabsichtigte Wirkung. Hier hat alles sein natürliches Maß.

70 Die Eifel ist wildreich. Sie war schon das Jagdrevier Karls des Großen.

71 Die Ruine der Burg Ramstein bei Kordel steht imposant auf mächtigem Sandsteinsockel mit einer Höhle der steinzeitlichen Jäger und Sammler.

72/73 In der weißen Jahreszeit wird die Landschaft zu einem graphischen Kunstwerk. Ruhe umfängt den Wanderer im verschneiten Buchenwald.

74 Die Dasburg war ursprünglich Besitz der Grafen von Vianden im nahen Urtal, auf luxemburgischer Seite. Die Pfarrkirche ist ein reizvoller Zentralbau des 18. Jahrhunderts, maßvoll und freundlich, eingepaßt in die Harmonie des Ortes.

75 In Schalkenmehren wurde nach dem Ersten Weltkrieg die Kunst der Heimweberei wiederentdeckt. Vor einigen Jahren hat auch in Rupperath, nördlich von Schuld an der Ahr, ein Lehrer dieses bäuerliche Traditionshandwerk zu neuem Leben erweckt.

76 Das ehemalige Zisterzienserinnenkloster St. Thomas bei Kyllburg wurde um 1185 zu Ehren des 1170 ermordeten Thomas Becket gegründet.

77 Kloster Mariawald im Kermeter bei Heimbach ist eine Trappistenabtei.

78 Wie das Pergament einer alten Chronik erzählt das Gesicht dieser Bäuerin aus der Südeifel die Geschichte ihres Lebens.

79 Vor dem Gewitter.

80 Wassersport auf dem Gemündener Maar.

81 Der Rursee Schwammenauel zwischen Heimbach, Gemünd und Rurberg gehört mit über 200 Millionen cbm Wasserhaltung zu den größten Talsperren. Aber man spürt die Menschenhand, die hier eingewirkt hat, nicht. Wie naturgeschaffen dehnt sich der See, immer wieder gegliedert durch Bergnasen und Buchten, überragt vom Bergrücken des Kermeter-Hochwaldes.

82 Einruhr am Obersee, der zum System der großen Rurtalsperre gehört.

83 Die alte Tuchmacherstadt Monschau, im engen Felsental der Rur, hat ihr historisches Ortsbild bewahrt.

84 Unter den prächtigen Bürgerhäusern des 18. Jahrhunderts in Monschau nimmt das Rote Haus den ersten Platz ein. In den Schnitzereien des Treppenhauses wird die Tuchfabrikation in 21 Flachreliefs geschildert.

85 Die Tuchindustrie hat im Wirtschaftsleben der gesamten Eifel jahrhundertelang eine wichtige Rolle gespielt. In Igel bei Trier hat sich ein wohlhabender römischer Tuchhändler um die Mitte des 3. Jahrhunderts ein 22 m hohes Grabdenkmal aus rotem Sandstein errichten lassen. Auch hier hat der Bildhauer in anschaulichen Reportagen den Alltag seines Auftraggebers festgehalten.

86 Steine und Erden dienten dem Menschen früh als Materialien. Die Erzeugnisse aus gebranntem Ton sind nicht nur zum roten Faden durch die Frühgeschichte der Besiedlung geworden, sondern sogar zu einer Art Zeitkalender der Forscher. Ein berühmter Töpferort war Raeren, auf belgischem Boden nahe bei Aachen. Raeren ist sich seiner Vergangenheit in einem reichhaltigen Töpfermuseum bewußt geblieben.

87 Die ehemalige Reichsabtei Inda in Kornelimünster ist wie das Aachener Münster in einem Turnus von sieben Jahren Ziel von Heiligtumsfahrten. Blick auf die heutige Pfarrkirche mit dem Achteckbau der Corneliuskapelle.

88 Im Hohen Venn.

19 Das kleine, freundliche Stadtkyll kann seine Geschichte fast 1000 Jahre zurückverfolgen.

20 Die Ahr hat ihr Kinderzimmer, eine richtige Brunnenstube in Blankenheim, zu Füßen der hochmächtigen Burg.

21 Kurz vor Altenahr beginnt das Rotweintal der Ahr mit seinen vielstufigen Felsterrassen. Eine Vorliebe für die Ahr und die anderen Eifelflüsse haben auch die Campingfreunde. Dem Wanderer bescheren die Höhenwege eine Fülle großartiger Ausblicke.

22 An den steilen Hängen des Ahrtales fordern die Weinberge dem Winzer harte Arbeit ab. Zusammen mit einer sorgsamen Kellerpflege reifen in den riesigen Kellern Rotweine von hoher Qualität heran. Mayschoß besitzt den ältesten Winzerverein Deutschlands.

23 Ahrweiler — Bad Neuenahr. Ahrweiler steckt noch im Ring der mittelalterlichen Stadtmauer. Bad Neuenahr ist ganz heitere Gegenwart, so scheint es. Aber auch hier, wo Kurpark, Kurkonzerte und Spielbank zur Szene gehören, ist ein Boden, auf dem schon Kelten und Römer ansässig waren.

24 Das gußeiserne Bacchusstandbild in Daun verbildlicht Weinbau und Eisenindustrie, die beide seit fast 2000 Jahren im Norden und Süden der Eifel heimisch sind.

25 Kaminplatten im Heimatmuseum in Gerolstein. Die Eisengießereien der Eifel schufen künstlerisch beachtliche Herd- und Takenplatten, die sehr oft religiöse Themen darstellen.

26 Bettenfeld zwischen dem Vulkan Mosenberg mit dem Windsborn und dem Meerfelder Maar.

27 Die Silhouette des Steffler Berges am Rande der Schneifel, auch Schnee-Eifel genannt.

28 Bei Alendorf, südlich des oberen Ahrtales, findet man, wie auch anderswo, noch mit Wacholderbüschen bewachsene Hänge.

29 Die Kasselburg oberhalb Pelm. Im Burgturm wird eine siebenstöckige wildkundliche Bildungsstätte eingerichtet.

30 Münstermaifeld mit der Stiftskirche, neben den Trümmern des einstigen römischen Kastells erbaut.

31 Gerolstein hat sich nicht erst durch sein Mineralwasser einen Namen gemacht. Vor 1850 Jahren stand hier schon ein römischer Tempel. Für Geologen ist die Umgebung wegen der Fülle mitteldevonischer Versteinerungen ein »Wallfahrtsziel«.

32 Felsen und Wasserfälle der Prüm geben dem Landschaftsbild um die Burg von Prümzurlay im Deutsch-Luxemburgischen Naturpark einen pittoresken Charakter.

33 Die Schloßruine Falkenstein über der Urtalsperre. Das Tal der Ur (Our) bildet auf eine weite Strecke die Grenze zwischen Luxemburg und der Bundesrepublik.

34 Das Felsenland an der Sauer ist seit keltischer Zeit mit seinen Schluchten und Klüften Zuflucht in Kriegszeiten und wohl auch Heimstätte für religiöse Kulte und Riten gewesen. Hier spricht der Ernzener Felsenweiher seine dunkle Sprache.

35 Zwischen Bollendorf an der Sauer, Ferschweiler, Ernzen und Echternacherbrück glaubt man oft in die Wolfsschlucht aus dem »Freischütz« geraten zu sein. Zu den Höhlen und Unterschlupfen gehören auch die sogenannten »Schweineställe«.

36 Burg Eltz, Inbegriff deutscher Burgenromantik.

37 Die Abtei Prüm stand bei den karolingischen Königen in besonderer Gunst. Hier beschloß Lothar I. sein Leben. An die Schönborn-Ära des Trierischen Kurstaates erinnert in ihrer barocken Ausgestaltung die Salvator-Basilika.

38 Den Treverern wie den Rittern des Mittelalters war das Pferd unentbehrlich. Heute erfreut sich der Pferdesport steigender Beliebtheit.

39 In der Stiftskirche von Kyllburg, deren Bau 1267 begonnen wurde, befinden sich, wie so oft in den Kirchen nahe den Burgen, Grabsteine von Rittern.

40 Abschlußtraining auf dem Nürburgring.

41 Segelflug auf der Dahlemer Binz.

42 Das Eifeler Landschaftsmuseum in der Genovevaburg in Mayen zeigt u. a. die erste Nähmaschine, konstruiert von B. Krems aus Mayen. Mit dieser Nähmaschine wurden Schlaf- und Zipfelmützen umsäumt.

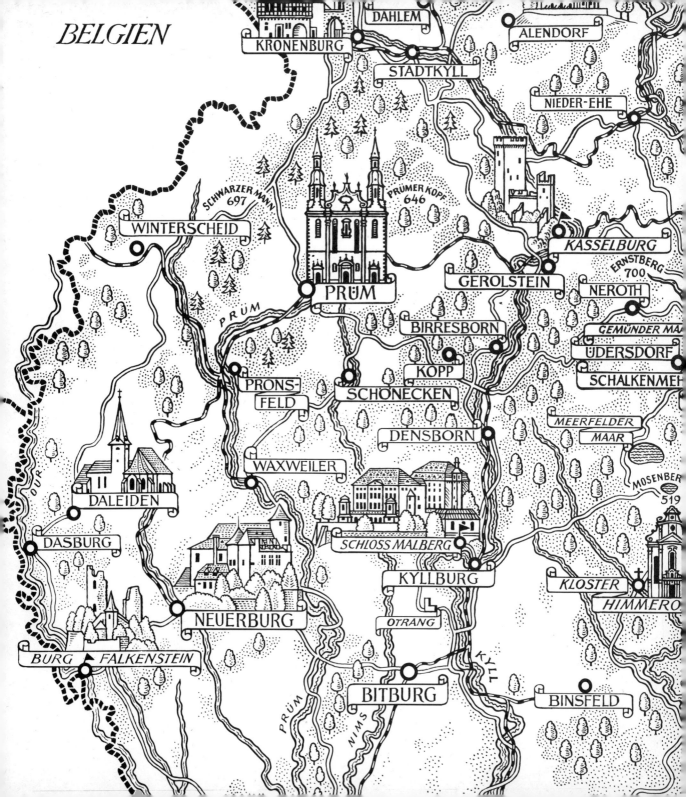